DIENKPROZIESSIE
p u b l i k a t i o n e n

Bibliografische Information der Deutschen
Nationalbiliothek: Die Deutsche
Nationalbibliothek verzeichnet diese Publikation
in der Deutschen Nationalbibliografie; detaillierte
bibliografische Daten sind im Internet über
http://dnb.dnb.de abrufbar.

Herstellung und Verlag:
BoD – Books on Demand, Norderstedt

ISBN: 978-3-73-479623-4

Inhalt

Einleitung

Medial sozialisierte Menschen denken, fühlen und verhalten sich anders, als ihre noch prä-digial sozialisierten Eltern. Sie stellen andere Ansprüche und benötigen eine andere Art der Zuwendung sowohl in der Pädagogik als auch im Rahmen therapeutischer Interventionen.

Das *Digital Storytelling*, wie ich es verstehe und praktiziere, stellt eine Art der Zuwendung dar, die medial sozialisierten Menschen (insbesondere Kindern und Jugendlichen) gerecht wird. Mein Vorschlag integriert sowohl eine pädagogische als auch eine therapeutische Komponente. Mit Hilfe dieser Methode - bei der aus alltäglichen / oder eben nicht alltäglichen Erleben, kleine Videogeschichten werden soll zum einen erreicht werden, dass in der "Medialität" vermittelte Lebenskonzepte und daraus resultierende - oft schädliche oder belastende - Verhaltensweisen hinterfragt, relativiert und ggf. verändert werden können, und zum anderen, dass Wissen auf eine für medial sozialisierte Menschen entsprechende Art und Weise vermittelt werden (Psychoedukation). Die PatientInnen werden so in die Lage versetzt, ihrer erlebten Erinnerung – ihrer biografischen Geschichte im soziokulturellen Kontext und in Bezug zum jeweiligen Thema – Ausdruck zu verleihen, somit Bedürfnisse aber auch Befindlichkeiten bildlich und sprachlich zu artikulieren und damit eine Veränderung ihrer oftmals problematischen Situation herbeiführen.

U.a. folgende Methoden lassen sich – für medial sozialisierte Menschen - in ihrer Wirkung mit Hilfe des Digital Storytelling deutliche intensivieren...

- Lösungsorientierte Kurzberatung (nach deShazer)
- Soziotherapie
- Biografiearbeit
- Expressives Schreiben

Ein sich änderndes Bewusstsein ruft nach veränderter Technik, und eine veränderte Technik verändert das Bewusstsein.

(Flusser)

Hinführung zum Thema

Kultur (und Medialität ist nichts anderes als durch „mediale Durchdringung" transformierte Kultur) ist nicht gegeben, sie ergibt sich vielmehr aus erzähltem Erleben, das in Form erinnerter Geschichten kulturelle Identität resümiert, damit auch konzipiert und in Artefakten sowie Bewusstseins- und Handlungsstrukturen Gestalt annimmt. Diese kulturelle Matrix wird durch artikulationsgelenkte Aufmerksamkeit zu Bewusstsein und findet in einem Prozess der Rückbezüglichkeit von Erinnerung und Handeln ihre Fortsetzung. Mit Hilfe von in Erzählungen gefasster sprachlicher und nichtsprachlicher Zeichen und Symbole besteht die Möglichkeit, diese Matrix und ihre Wirkungen zu interpretieren, in Frage zu stellen und sie auch zu revidieren. Durch den Verlust der Sprache als Werkzeug der Kritik, deren Reduktion durch z.B. SMS, Chat, Foren, Werbung etc. sowie deren Substitution durch manipulierte digitale Kommunikate (Bilder, Videoclips, Filme) sind aber vor allem Kinder und Jugendliche kaum noch in der Lage, zu reflektieren, kritisch zu rezipieren und in Folge ihre Lebenswirklichkeit in einem sozialen Kontext autonom zu gestalten. Das, was Menschsein ausmacht, wird immer weniger begreifbar und auf über Binärcodes Erfassbares reduziert. Indem die Geschichte(n) der realen Vorbilder (keine ideologischen, sondern authentisch-greifbare Autoritäten wie z.B. Eltern und LehrerInnen) im Wettbewerb denen der medialen HeldInnen unterliegen, wird der Prozess der Rückbezüglichkeit – durch eine Unterbrechung der Weitergabe von Generationenerfahrung – unterlaufen. Erinnerung wird so zu einem Produkt der herrschenden Medialität, ...

Medialität: *Die aus Medialisierung und medialer Durchdringung resultierende subjektive Wahrnehmung und das daraus resultierende gesellschaftliche und individuelle Wertesystem. Für die Herleitung dieser Definitionen siehe Dorn 2015.*

...deren Wirkung auf Bewusstseins- und Handlungsstrukturen durchschlägt.

Die massenhafte Verbreitung und
Anwendung (Medialisierung)...

> **Medialisierung** *stellt die aktive
> Dimension der Medialität dar, der
> man sich (theoretisch) bis zu dem
> Punkt entziehen kann, an dem die
> Verbreitung einer neuen
> Technologie (Handy, E-Mail etc.)
> einen kritischen Punkt überschreitet.
> Für die Herleitung dieser
> Definitionen siehe Dorn 2015.*

...von auf digitalen Datenformaten
basierenden Kommunikationsoptionen
(Neue Medien)...

> **Neue Medien** *(NM) definiere ich als
> auf ein breites Rezipientenspektrum
> ausgerichtete Vermittler von
> Inhalten, deren Übertragungs- und
> Speichermodi (mehrheitlich) auf
> digitalen Datenformaten basieren.
> Für die Herleitung dieser
> Definitionen siehe Dorn 2015.*

...konstituiert für die Kinder und

Jugendlichen, die zu Beginn dieses Prozesses der massenhaften Verbreitung von Computer, Internet und Privatfernsehen ab 1990 nicht älter als 2 Jahre waren, ...

post-digital sozialisiert: *Kinder, die mit Beginn der massenhaften Verbreitung von Computer, Internet und Privatfernsehen im Jahr 1990 nicht älter als 2 Jahre waren; prä-digital sozialisiert: Kinder, die mit Beginn der massenhaften Verbreitung von Computer, Internet und Privatfernsehen im Jahr 1990 älter als 20 Jahre waren;*
digital sozialisiert: Kinder, die mit Beginn der massenhaften Verbreitung von Computer, Internet und Privatfernsehen im Jahr 1990 nicht älter als 10 Jahre waren. Für die Herleitung dieser Definitionen siehe Dorn 2015.

...eine neue Lebenswirklichkeit (Medialität), der sie sich als Produkt der überwiegend medialen Sozialisation nicht entziehen können. Diese von der Wirkung digital manipulierter Kommunikate durchdrungene Lebenswirklichkeit (Mediale Durchdringung),...

Mediale Durchdringung: Die Wirkung digital manipulierter Kommunikate sowohl auf das Individuum als auch auf das gesellschaftliche (soziale) Wirkungsgefüge. Abhängig vom Grad der (absoluten und relativen) Medialisierung ist diese Wirkung unausweichlich. Für die Herleitung dieser Definitionen siehe Dorn 2015.

...die die post-digital Sozialisierten im Rahmen ihrer Entwicklung als Realität internalisieren und die im Moment des Erlebens zu persönlichkeitsbildender Erinnerung wird, zieht zunehmend auch eine Transformation der Bewusstseins- (Fröhlich 2000, S. 97) und Handlungsstrukturen (Fröhlich 2000, S. 216) nach sich. Dieser Prozess mündet in einen Verlust des Bewusstseins von der „Selbstkonsistenz und Kontinuität über die Zeit hinweg" (Erikson 1973, S. 23) und unterläuft so eine sowohl durch intrapsychische als auch interpersonelle Komponenten (vgl. Akhtar und Samuel 1996) determinierte Identitätsbildung. Damit wird die Rückbezüglichkeit der in der Medialität wirksamen medialen Transformationspotenziale deutlich: Das

Bewusstsein und folglich das Handeln werden durch eine medial-technisch determinierte Umwelt verändert. In der Folge führt ein solchermaßen fremdbestimmtes Handeln zu veränderten gesellschaftlichen Rahmenbedingungen, die dann wiederum sowohl auf die interpersonellen als auch intrapsychischen Dimensionen wirken.

Eine zentrale Eigenschaft der Konstitution post-digital sozialisierter Jugendlicher besteht im Verlust der Auswahlkompetenz zu Gunsten einer fragmentarischen, konsumdeterminierten Rezeption vor einem immer diffuseren Wertehintergrund. Es wird überwiegend unreflektiert und manipuliert konsumiert: Das gilt für persönliche, humane Bezüge ebenso wie für die zahllosen Fernsehprogramme, für Musik oder die Inhalte des Internets, das ja auch als Trägermedium der technologieunterstützten Wissensvermittlung fungiert. In Konsequenz dessen legen sich Kinder und Jugendliche, deren Psyche zudem extrem plastisch ist, kaum noch fest, sind insgesamt sehr sprunghaft und darüber hinaus hoch suggestibel.[1] Dieses auf den ersten Blick der

---

[1] Trends müssen nur so gesetzt werden, dass sie in der Plastik des medial sozialisierten Teenager-Gehirns z.B. den Konsumautomatismus in Gang setzen (Wunscherfüllung). Diese medial injizierte „Hemmungslosigkeit" des „alles haben

natürlichen Neugier der Kinder und Jugendlichen entsprechende Verhalten, das aber durch die mediale Sozialisation zunehmend weit über die Norm hinaus forciert wird, mag zwar im Hinblick auf die Orientierung innerhalb immer schneller und unbeständiger werdender Bezüge scheinbar hilfreich sein, führt aber aufgrund der Hegemonie der medialen Sozialisation immer häufiger zur Überlastung und Fragmentierung der identitätsbildenden Erinnerung. Erinnerung wird erlebt, noch bevor sie in propositionale Netze eingebettet und zu der Erinnerung geformt werden kann, die Persönlichkeit macht (vgl. Schachter 2001). So verschwimmt real Wahrgenommenes mit medial Suggeriertem, das aufgrund der mangelnden Fähigkeit zur Selbstbeschränkung durch medial manipulierte Erinnerung zunehmend dominiert wird.

In einer schnelllebigen, überstimulierenden, auf Konsum ausgerichteten *digitalen Ökonomie* (Glotz 1999) muss der

---

und erleben zu müssen, ohne etwas auslassen zu können" kommt einem Suchtverhalten schon sehr nahe und bereitet auch den realen Drogen, den Opiaten und den Amphetaminderivaten ebenso wie den tetrahydrocannabinol-, nikotin- oder alkoholhaltigen, einen einfachen Weg in Selbstverständnis und Lebenswirklichkeit.

„Normalitätsbegriff" von Lernbereitschaft und Lernbefähigung sowie von psychischer Gesundheit (nicht nur) bei Kindern und Jugendlichen neu überdacht werden. Nach Haffner et al. (2001 u. 2002) erscheinen Kinder heute aus Sicht der Eltern und PädagogInnen zunehmend eigenwillig, (medial) kompetent und fordernd. Sie zeigen ein ausgeprägtes Konkurrenzverhalten und ein hohes Maß an Aktivität, die gerade im Rahmen von Frontalunterricht als störend empfunden werden. Gleichzeitig haben sie aber große emotionale Bedürfnisse und mehr Schwierigkeiten, sich ihrem schulischen und sozialen Umfeld anzupassen. Die beobachteten Auffälligkeiten von Kindern könnten demnach auch als *normale* Bewältigungsversuche und Anpassungsprozesse an veränderte, durch die Quantität des Komplexen und die Qualität des Illusorischen determinierten Lebensbedingungen (vgl. Haffner et al. 2001 u. 2002) interpretiert werden. Sowohl Kinder und Jugendliche als auch deren Eltern und PädagogInnen müssen neue Formen der Bewältigung der hohen Alltagsanforderungen entwickeln. Weder mit aufoktroyierten Strategien wie z.B. dem Benimmunterricht an Schulen noch mit dem politischen Populismus vom *Ende der Spaßpädagogik* lässt sich die Wirkung des rückbezüglichen Regelkreises der Medialität im Hinblick auf eine menschzentrierte Bildungsintention zielführend instrumentalisieren. Um dieses Ziel zu erreichen, muss man sich zuallererst Klarheit über die Konstitution der Kinder und Jugendlichen verschaffen, respektive über das sie umgebende Umfeld, das diese bedingt, um dann in Ableitung davon Informationen hinsichtlich ihrer Befindlichkeiten, ihrer Bedürfnisse oder möglicher Beweggründe für „auffälliges" Verhalten zu erlangen.

Genau diese Zeit lässt ein Schulbetrieb aktueller Ausprägung nicht mehr. Die PädagogInnen werden vielmehr zwischen Stoffmenge, veralteten Unterrichtsmaterialien, Lehrplänen, politischen Querelen und den offensichtlich unberücksichtigten Notwendigkeiten einer sich permanent transformierenden und parallel gelebten Medialität zerrieben. Darüber hinaus unterlassen immer häufiger immer mehr Eltern die Ausbildung eines Fundaments sozialer Kompetenz, auf dem Bildung aufbauen kann, der „aktiven Erziehung" durch die LehrerInnen.[2] Diese

---

[2] Vgl. Susanne Gaschke, „Die Elternkatastrophe", Die Zeit 18/2001, 29. Aug. 2003 <http://ww.zeit.de/2001/18/Hochschule/print_200118_1._leiter.html>.

zunehmende Unterlassung im Hinblick auf das traditionelle Aufgabenspektrum des Elternhauses ist die Folge eines durch die Globalisierung und Medialisierung eingeleiteten Wandels, der eine Kompression der Arbeitsprozesse forciert und eine Verknappung von Zeit (auch und gerade für persönliche Bedürfnisse) zur Folge hat, mit dem Resultat, dass bei einem ansonsten niedrigen Krankenstand in Deutschland die Krankheitstage aufgrund psychischer Störungen bereits zwischen 1997 und 2002 um 63 Prozent gestiegen sind. Der Autor des damaligen DAK-Gesundheitsreports, Hans-Dieter Nolting vom Institut für Gesundheits- und Sozialforschung in Berlin meinte dazu:[3]

Wir müssen uns fragen, ob wir nicht bestimmte Bedingungen haben an den Arbeitsplätzen in unserer Arbeitswelt, die dazu führen, dass diese Probleme wie depressive Störungen, Angststörungen und ähnliche Dinge ein immer stärkeres Gewicht bekommen und wir müssen

---

[3] Vgl. A. Bachmann und B. Kappel, „Wenn der Job zur Qual wird – Psycho-Stress am Arbeitsplatz", BR report – Sendetermin: 23.06.2003, 16.07.2003 <http://www.br-online.de/daserste/report/archiv/2003/00024/>

*uns darum kümmern: was sind die
Ursachen? Was kann man auch
möglicherweise durch Maßnahmen in
den Unternehmen beeinflussen?*

Als bedenklich muss in diesem
Zusammenhang bemerkt werden, dass die
Bildungspolitiker der Länder derzeit dabei
sind, genau die Schritte zu ergreifen, die die
Privatwirtschaft aktuell unter großen
Anstrengungen zu revidieren versucht.
Gearbeitet wird an einer Ökonomisierung
des Schulbetriebs statt an einer qualitativen
Verbesserung des Lehrbetriebs. Vor diesem
Hintergrund besteht zudem eine Erwartung
an die PädagogInnen, die weit über deren
Aufgabe der reinen Wissensvermittlung
hinausreicht: Eine im Rahmen einer am
Lehrstuhl für Schulpädagogik der Universität
München durchgeführten Untersuchung
über das Berufsprestige von LehrerInnen
ergab, dass 85 Prozent der Befragten zudem
und vor allem sozialpädagogische und
therapeutische Kompetenzen von den
LehrerInnen einfordern. Nicht zuletzt
aufgrund dervergangenen Ereignisse
(Coburg, Erfurt, Eching, Bad Reichenhall)
muss für die PädagogInnen trotz dieser
kaum zu verhindernden Ökonomisierung der
Schule das Gebot der Stunde lauten, die
Kinder und Jugendlichen, die sie

unterrichten, wieder kennen zu lernen – auch im eigenen Interesse.

Junge Menschen konstruktiv kennen zu lernen ist demnach auch Ziel meines medial unterstützten Lehr-, Präventions- und Therapieansatzes. Mit Hilfe dieser Methode des *Digital-Storytelling* soll zum einen erreicht werden, dass in der Medialität vermittelte Lebenskonzepte und daraus resultierende Verhaltensweisen hinterfragt, relativiert und ggf. verändert werden können, und zum anderen, dass Lehrinhalte auf eine für medial sozialisierte Menschen entsprechende Art und Weise vermittelt werden, zum Nutzen der Lernenden aber auch zum Nutzen und Schutz der Lehrenden. Basierend auf dieser Intention wurde das Projekt *Memory's Voices* konzipiert, das idealtypisch die beiden Komponenten Pädagogik und Therapie integriert. Die gewonnenen Aufschlüsse sind für moderne PädagogInnen angesichts der aktuellen Situation und ihren Auswüchsen in Form von Lernstörungen und Verhaltensauffälligkeiten sowie dem ebenfalls zunehmenden multiplen Überlastungssyndrom[4],

---

[4] Psychische Symptome aufgrund einer Überforderung werden zunehmend in der modernen Industriegesellschaft beobachtet. Es entwickeln sich psychische Spannungen oder körperliche Beschwerden, die auf ein Missverhältnis zwischen den täglich gestellten Anforderungen in der Familie oder am

Substanzmissbrauch und multiplen Abhängigkeiten – sowohl bei PädagogInnen als auch bei SchülerInnen – von grundlegender Bedeutung. Mit Hilfe dieser Methode ist es möglich, die Erinnerung zurückzuerobern, sie zu reinszenisieren und die Kinder und Jugendlichen – für die wir als PädagogInnen und TherapeutInnen eine Verantwortung übernommen haben – identitätsfördernd zu fordern, denn: Wir alle sind Erinnerung und einzig die Geschichten, die wir in uns tragen, machen uns zu den Menschen, die wir sind.

In Gesellschaften ohne ausgeprägte Schriftkultur stellen Geschichten bzw. das *oral storytelling* das zentrale Medium der Informationsweitergabe dar. Ihre besondere Wertigkeit resultiert dabei aber nicht aus ihrem rein sachlichen Informationsgehalt, sondern vielmehr aus der Anreicherung dieser Informationen durch individuell Erlebtes und der damit einhergehenden Authentifizierung. Diese Anreicherung von

---

Arbeitsplatz und der individuellen Fähigkeit des Individuums der Bewältigung zurückgeführt werden müssen. Stress und Spannungen, die in manchen Fällen als Ansporn zu verstärkter Aktivität dienen, werden nicht mehr bewältigt, wenn keine Ruhepausen und Erholungsphasen dazwischen geschaltet werden. Dauerstress kann zu Depressionen oder auch zu Angstreaktionen führen. Auch körperliche Beschwerden können Ausdruck einer permanenten Überforderung sein.

Sachinformationen durch Erlebtes macht in letzter Konsequenz die Evolution des Wissenserwerbs aus. Darüber hinaus wird durch die notwendige mentale Illustration des Gehörten die Vorstellungskraft gefördert und die Entwicklung der Sprache angeregt. Dabei wird durch den Ritus des Erzählens und des Zuhörens und das Wissen um gemeinsame Werte und Erkenntnisse eine soziale Struktur geschaffen und gleichzeitig ein Gefühl der Zugehörigkeit vermittelt.

Das *Digital Storytelling* (vgl. www.storycenter.org) in seiner Grundform baut auf der Methode des *oral storytelling* auf, indem es dessen positiven Eigenschaften (Förderung der Vorstellungskraft, der Konzentrationsfähigkeit, des Spracherwerbs, des Gefühls von Zugehörigkeit etc.) integriert und durch die Einbeziehung NM für medial sozialisierte Menschen transformiert. Die Methode des *Digital Storytelling* kompensiert die durch die Medialität bedingte zunehmende Sprachlosigkeit, indem sie die Transformationspotenziale NM – die Macht der (bewegten) Bilder sowie das Arrangement von Stimme und Musik – instrumentalisiert.

Diese Methode stellt im Gegensatz zum üblichen Unterricht, in dem Abstraktes frontal vermittelt wird, das erinnerte Erleben der Kinder und Jugendlichen in den Mittelpunkt des Geschehens und damit auch des Interesses. Von der didaktischen Befähigung und nicht zuletzt von der Fantasie des/der Lehrenden hängt es dann ab, das Werkzeug (Hintergrundinformationen zur Kontextualisierung und Sprache zur Analyse der Geschichten etc.) bereitzustellen, das eine zielführende Reflexion/Auseinandersetzung ermöglicht. Eine Einbettung dieser Adaption in einen theoretisch-soziopolitischen Kontext hat bislang – im Rahmen der schulischen Wissensvermittlung – nicht stattgefunden. Auch ein umfassendes pädagogisches und therapeutisches Konzept wurde noch nicht entwickelt, wenngleich die in der Regel biografischen Geschichten durchaus Eingang sowohl in den Unterricht als auch in die therapeutische Praxis gefunden haben.

Im Gegensatz dazu kombiniert das *Digital-Story-Telling* wie ich es verstehe und praktiziere sowohl einen pädagogisch-therapeutischen als auch theoretisch-soziopolitischen Ansatz, der NM so instrumentalisiert, dass die in der Medialität suggerierten Bewusstseins- und Handlungsstrukturen medial sozialisierter Kinder und Jugendlicher greifbar und damit erklärbar werden. Medial sozialisierte Kinder und Jugendliche werden in die Lage versetzt, ihrer erlebten Erinnerung (ihren biografischen Geschichten im soziokulturellen Kontext) Ausdruck zu verleihen, somit Bedürfnisse aber auch Befindlichkeiten bildlich und sprachlich zu artikulieren. Auf diese Weise lernen sich die Kinder und Jugendlichen untereinander (aber auch die PädagogInnen sie) wieder besser kennen und verstehen, was die gegenseitige Rücksichtnahme und das soziale Miteinander – nicht nur im Klassenzimmer – sowie den Lernprozess fördert. Durch diese Personalisierung und sozikulturelle Politisierung des Lernprozesses wird erreicht, dass die Kinder und Jugendlichen miteinander, aneinander und füreinander wachsen. Dadurch wird Aufmerksamkeit so gelenkt, dass die aus individuellem Bewusstsein resultierenden Handelungen sowohl dem Einzelnen als auch der Gemeinschaft zugute kommen.

Die Hegemonie der Medialität durch die inszenierte Sozialisation

Beginnend vor ungefähr 30 Jahren führten die *Neuen Medien* (NM) einen Paradigmenwechsel herbei, der in seiner aktuellen Ausprägung das soziopolitische Wirkungsgefüge und die Bewusstseins- und Handlungsstrukturen der Menschen tief greifend beeinflusst (vgl. Dorn 2003, Greiner 2002). Auslöser hierfür ist die Medialisierung mit ihrer massenhaften Verbreitung von NM wie z.B. dem Personal Computer, der weltweiten Vernetzung durch das Internet, der Kommerzialisierung des Fernsehens und der Digitalisierung der Kommunikationsoptionen. Diese medialen Transformationspotentiale haben – mit Ausnahme der technologischen Transformation an der Schwelle vom 19. zum 20. Jahrhundert – einen gesellschaftlichen Wandel eingeleitet und forciert, dessen Vollzugsgeschwindigkeit, Bandbreite und Reichweite in der Geschichte der Menschheit bislang ohne Beispiel ist (vgl. Bell 1975). Die Wirkungen sind multidimensional und reichen, basierend auf den (scheinbar) ökonomischen Notwendigkeiten der Konsumgesellschaft (vgl. Baader 2001), über neue Formen der Arbeits- und Lernorganisation bis hinein in private und familiäre Bezüge. Im Gegensatz zur Industrialisierung verdinglicht sich dieser Wandel aber nicht in der Gegenständlichkeit des Alltags, sondern er vergegenwärtigt sich in transformierten Bewusstseins- und Handlungsstrukturen der Menschen. Die Transformationspotentiale der Medialität gliedern sich in zwei Faktoren:

Primäres Transformationspotential

Das primäre Transfomationspotential der Medialität bedingt eine direkte Medienwirkung. Sie wird hervorgerufen durch die Medialisierung (vgl. Dorn 2003, Feierabend & Klingler 2000)[5] und beschreibt die mit der direkten Auseinandersetzung mit NM einhergehende Verhaltensänderung.

Quantitativ

*   Häufigkeit der Mediennutzung (partiell vs. generell)

*   Dauer der Mediennutzung (optional vs. grundsätzlich)

---

[5] Vgl. „Medien und Freizeit (in Prozent) 2002", 14. August 2002, Mediendaten Südwest, eMind@emnid, 18. August 2003 <http://www.mediendaten.de/gesamt/basisdaten/freizeit_p.html>.

Qualitativ

*   Art der primär konsumierten medialen Kommunikate (Information vs. Interpretation)

*   Form der Rezeption (aktiv vs. passiv)

Sekundäres Transformationspotential

Das sekundäre Transfomationspotential bedingt eine indirekte Medienwirkung. Sie wird hervorgerufen durch die mediale Durchdringung und beschreibt die auf medialer Suggestion basierende Verhaltensänderung. Hierzu gehören z.B. alle Aktivitäten, die zur Finanzierung von Anschaffung und Betrieb NM notwendig werden, sowie die zur Befriedigung medial suggerierter Bedürfnisse.[6]

---

[6] Vgl. „Jobbende Schüler: Morgens büffeln, abends rackern", Spiegel Online 25. April 2002, 18. Aug. 2003 <http://www.spiegel.de/unispiegel/jobundberuf/0,1518,1934 62,00.html>: In Deutschland jobbten bereits 1999 zwischen 40-50 % aller 13-15-Jährigen.

Bewusstsein[7]

* Wahrnehmung des Selbst (reale Persönlichkeit vs. medial suggeriertes Selbstkonzept)

* Wahrnehmung des Seins (Realität vs. Medialität)

Handeln[8]

* Medial initiierte Aktivitäten (Manipulation vs. Aktion)

* Transformation des Aktivitätsspektrums

---

[7] *Bewusstsein*: „Der Begriff wird in zwei aufeinander Bedeutungen verwendet. (1) Bewusstsein als Zustand des Zentral-Nerven-Systems, der dem deutlichen Erkennen, klaren Denken und geordneten Verhalten zugrunde liegt. (2) Bewusstsein als Inbegriff von Prozessen der subjektiven Erfahrung des eigenen Erlebens, der Erlebnisweise in Wahrnehmungs-, Denk- und Handlungsepisoden, der Richtungsnahme des Erlebens im Bedürfnis-, Interessen- und Erwartungsbezug, des Klarheitsgrades, mit dem sich Erfahrungsinhalte zeigen, sowie der im Gegenstands- oder Denkzusammenhang erlebten Gewissheit, selbst der/die Erfahrende zu sein". (Fröhlich 2000, S. 97)

[8] *Handlung*: „Auf die Erreichung eines Ziels gerichtete, relativ abgehobene, zeitlich und logisch strukturierte koordinierte Bewegungsabfolgen, welche bewusst kontrolliert ausgeführt werden, um eine Veränderung in der Umwelt oder aber der bestehenden (psychologischen) Situation herbeizuführen. Handlung unterscheidet sich von Verhalten durch seinen bewussten Bezug zu Zielvorstellungen, dem Bedürfnis nach Zielerreichung, durch das begleitende Abwägen von Erwartungen in Bezug auf die Entscheidungsmöglichkeiten und ihre Konsequenzen, durch die gedankliche Vorwegnahme bestimmter Handlungsschritte (Pläne) und die fortlaufende Einbeziehung von Rückmeldungen vor der Entscheidung über die folgenden Schritte". (Fröhlich 2000, S. 216)

(virtuell vs. real)

Durch hochauthentische, digital optimierte mulitmediale Kommunikate und eine adäquate Distribution erfolgt eine Überlagerung realer Lebenserfahrung durch mediale Scheinerfahrungen, die das Selbstverständnis und die Erwartungshaltungen Jugendlicher stärker als die Sozialisationsinstanzen Elternhaus und Schule prägen. Kinder und Jugendlichen wachsen heute in einem hochverdichteten Medienumfeld auf, in dem Medien Sozialisationsinstanz, Tagesbegleiter, Identifikationsstifter und Realitätsvermittler sind. In dieser von einer *digitalen Ökonomie* getriebenen Medialität lebt der Mensch nicht mehr selbstbestimmt (vgl. u.a. Weizenbaum 1978, 1984), vielmehr korrumpieren die durch digitale Datenformate transformierten gesellschaftlichen Systeme das Leben, beschleunigen es und lassen es nicht zuletzt dadurch – indem uns die Zeit zur Reflexion, von Kontemplation ganz zu schweigen, genommen wird – um ein Vielfaches komplexer werden.

Die Erinnerung des Menschen ist unmittelbar

an sein Erleben gebunden. Dass sich dieses Erleben während der letzten 10-15 Jahre durch den technologischen Wandel massiv und nachhaltig verändert hat und dies noch immer tut, steht außer Frage. Diese Veränderungen nehmen in erster Linie prä-digital sozialisierte Erwachsene wahr und selbst sie schaffen es oftmals auch nur mit Mühe, diese Veränderungen zu reflektieren und in der Folge ihr Handeln und Verhalten dementsprechend auszurichten. Gänzlich anders stellt sich die Situation für Kinder und Jugendliche dar. Sie sind kaum in der Lage diesen rasenden Wandel zu reflektieren, ggf. schädliche Wirkungen zu erkennen, geschweige denn ihr Verhalten entsprechend zu kontrollieren, zumal ihnen das Regulativ der Vergleichbarkeit bzw. der Erinnerungen fehlt.

Da die Medialisierung der Gesellschaft nicht rückgängig gemacht, wohl aber revidiert werden kann, muss insbesondere im Hinblick auf eine avisierte Technologieunterstützung der Lehre ein aktiver, kritischer und konstruktiver Umgang mit Medien (Medienkompetenz) an den Schulen mehr Raum einnehmen (vgl. Eschenauer 1989, S. 17). Angesicht zunehmend medial sozialisierter RezipientInnen scheint der Zugang über das

Faszinosum Technik der einzig verbleibende. Unter Einbeziehung NM eröffnet dieser Zugang die Möglichkeit, Raum für die aktive und kritische Auseinandersetzung mit der Medialität zu schaffen und damit einen Weg zurück in einen wertepluralistischen und menschzentrierten Diskursraum zu bahnen, in dem für ein soziales Miteinander in einer intakten Ökologie Interesse geweckt, Wissen vermittelt und Erkenntnis unterstützt wird.

Es muss künftig darum gehen, mit Hilfe der NM die Transformations- und Manipulationspotentiale der NM zu offenbaren, zu kompensieren und darüber hinaus diese im Sinne einer humanistischen Bildung zielführend zu instrumentalisieren, um damit einem medial transformierten Menschenprofil gerecht zu werden. Dies kann nur dann gelingen, wenn die künftigen Reformen des Bildungswesens die Bedürfnisse der medial sozialisierten RezipientInnen ernst nehmen, wenn technologieunterstützte Lehre nicht substituierend, sondern hybrid gedacht und wenn ein aktiver, kritischer und konstruktiver Umgang mit Medien und medialen Inhalten an den Schulen gefördert wird. Das *Digital Story Telling* bietet beispielhaft die Möglichkeit eben diesen Ansprüchen gerecht zu werden, indem es den technikzentrierten Ansatz des eLearning hin zu einem mensch-zentrierten Ansatz des *blended learning* transformiert. Mittels dieses Ansatzes besteht dann die Möglichkeit, Handlungen zu beeinflussen, indem man Einblicke in das Bewusstsein der Menschen bekommt, und zu dem, aus dem Aufmerksamkeit Bewusstsein macht – Erinnerung.

Die Reinszenisierung der Erinnerung durch die erzählte Resozialisation

Die Medialität hat nicht nur die Struktur der Gesellschaft und die in ihr lebenden und die sie bildenden Menschen, sondern dadurch bedingt auch die Art des Geschichtenerzählens verändert – nicht jedoch seine Funktion und Bedeutung, im Gegenteil. Die Qualitäten des Geschichtenerzählens können gerade vor diesem Hintergrund als eine relativ einfach zu praktizierende Methode der Pädagogik aber auch der Prävention und Therapie besonders gut zur Entfaltung gebracht werden, wenn es darum geht, dem durch die Medialität – insbesondere bei Kindern und Jugendlichen, aber auch bei (jungen) Erwachsenen – hervorgerufenen, sehr breit gefächerten Symptomenkreis zu begegnen, der von Lernstörungen bin hin zu psychischen Erkrankungen reicht.

Therapeutische Interventionen als aktuell notwendige Grundlage pädagogischer Intentionen (und von PädagogInnen zunehmend gefordert) zielen primär darauf ab, Persönlichkeitsstörungen zu erkennen, um nach Möglichkeit diese dann, ebenso wie die daraus resultierenden – sowohl für den verhaltensauffälligen Schüler (den Patienten) als auch für das soziale Umfeld (Klassengemeinschaft, Peers, Eltern, Familie) – problematischen Verhaltensweisen zu behandeln. In diesem Zusammenhang spielen Erzählungen eine tragende Rolle. Ausgehend von den drei Hauptkategorien des Geschichtenerzählens – des Berichts, der Geschichte und der Erzählung – stellt für die Therapie die Erzählung die wesentlichste der drei Formen dar: Erzählt nämlich ein Patient, dann entstammt das, was den Zuhörer erreicht, nicht der Ebene der Information, sondern der Ebene der durch das persönliche – mediale oder reale – Erleben entstandenen Erinnerung.

Diese „Perspektive der Reinszenisierung des Ereignisses in der Erzählsituation" (Wiedemann 1986, S. 63) ist sowohl für die psychotherapeutische Intervention als auch für die damit einhergehende Forschung von zentraler Bedeutung (z.B. Labov & Fanshel,

1977; Flader & Giesecke, 1980; Boothe 1994; Eisenmann 1995). Die Kommunikationsform des Erzählens bietet dem Gefühlsleben eine Bühne, die der emotionalen Bewegung Gelegenheit zum Ausdruck bietet. Darüber hinaus, so Young (1997, S.18), vollzieht sich die Rezeption des Sozialisationsumfelds und der sozialisierenden Ereignisse als eine Form des Kommunizierens, in der sich ein Individuum oder ein Kollektiv selbst zum Ausdruck bringt, auf sich selbst deutet und das, was erzählend zur Darstellung kommt, im Licht der eigenen Bewertung als bedeutsam erscheinen lässt. Dieser *suggestive Prozess* ist daraufhin ausgerichtet, beim Rezipienten ein emotionales Feedback in Bezug auf die subjektiv erlebte Rolle des Erzählenden (des Patienten) innerhalb des Geschilderten zu erlangen oder zu seinem Bezug oder seiner Haltung dazu. Der Erzählende reflektiert im Rahmen dieser egozentrierten Artikulation auf jemanden, etwas oder eine Situation, setzt sich so in ein bestimmtes Verhältnis dazu und gibt damit Aufschluss über seine Haltung. Er setzt die Schwerpunkte *seiner* Geschichte (Darstellung, Sichtweise) auf die für ihn subjektiv relevanten (Konflikte beinhaltenden) Partitionen, also auf das, was ihn emotional – positiv oder negativ – aus dem Gleichgewicht bringt und für dessen Stabilisierung eine Rückmeldung des sozialen Umfeldes erforderlich ist („Man kann nur von anderen Menschen als Mensch bestätigt werden." Weizenbaum 1993, S. 40). Ihm geht es hierbei u.a. um eine Unterstützung bei der Zuordnung dessen oder aber um die Reaktion des emotional-analytischen Zuhörers, die es ihm erlaubt seine eigene Haltung (und sein daraus resultierendes Handeln) einzuordnen oder aber zu relativieren.

Digital Storytelling: meine Methode...

Meine Methode des *Digital-Story-Telling*[9] integriert nun das Faszinosum Technik in diesen bewährten Therapieansatz und trägt damit den Bedürfnissen medial sozialisierter Kinder und Jugendlicher sowie ihrer direkten Sozialisationsumfelder und dem Lernprozess Rechnung. Unter Berücksichtigung der Rückbezüglichkeit des Regelkreises der Medialität, wird durch Anregen einer umfassenden Kollaboration eine Reduktion der Segregationskräfte und damit eine Therapiewirkung sowohl auf den Einzelnen, die Klassengemeinschaft als auch auf das gesellschaftliche Umfeld (Familie) erreicht. Mit Hilfe dieser Methode des *Digital-Story-Telling* besteht die Möglichkeit, Aufschluss über Bewusstseins- und Handlungsstrukturen der Kinder und Jugendlichen zu erlangen, indem im Hinblick auf eine Reinszenisierung der Erinnerung die *Modellierungsoptionen* nach Boothe et al. mit dem Ziel einer authentischen Identitäsbildung und Förderung des Prozesses der

---

[9] Ich habe diese Methode seit einem Kongressbesuch im Jahr 2001 in Kalifornien, inspiriert durch einen fesselnden, hochemotionalen Vortrag (in Form einer DST) einer Vertreterin des Center for Digital Storytelling (Berkeley), entwickelt. Im Vordergrund steht dabei weder das *Digital-Story-Telling* an sich noch die eigentlich zu behandelnde Problematik.

Wissensvermittlung angewendet werden. Damit erfüllen Erzählungen – indem sie psychisches Geschehen und soziale Beziehungen formen – psychosoziale Funktionen (vgl. Flader & Giesecke 1980, Gergen & Gergen 1988, Quasthoff 1980). Vor diesem Hintergrund setzt sich das einsemestrige Projekt *Memory`s Voices* (in chronologischer Reihenfolge) aus den folgenden vier, auf Boothes et al. (2000, S. 64) *Modellierungsoptionen* basierenden Komponenten, zusammen:

Aktualisierung: individuelle Reflexion (Recherche, sich erinnern und mit sich selbst auseinandersetzen)

Erinnerung und das, woraus sie entstanden ist, wird auf einer imaginären Bühne dramaturgisch revitalisiert, womit, zwar unter der Prämisse der Kontinuität, eine nochmalige, neue Chance zur emotionalen Behandlung gegeben ist. In diesem Zusammenhang gilt es zu beachten, dass sich traumatisierende Vorfälle, also solche mit der psychisch extrem destabilisierender Wirkung, selten ohne vorausgehende emotionale Distanzierung, die sich der Verbalisierung i.d.R. gerade verweigert, über den Prozess der narrativen Revitalisierung erschließen lassen.

Soziale Integration: Intra- und Intergruppenprozesse (Diskussionen, Produktplanung und –erstellung)

Wer erzählt stellt Nähe her und lässt Nähe zu, indem er subjektive Besonderheit im sozialen Raum zum Ausdruck bringt (vgl. Flader & Giesecke 1980; Schütze 1976 u. 1982), der ihn gleichzeitig aufnimmt, indem die soziale Gruppe sich im Erzählten wieder findet und weil der Erzähler vor der Gruppe als Individuum Anerkennung erfährt. Diese multidimensionalen Kommunikationsregeln unterliegende Integrationsleistung bedeutet damit immer gleichzeitig auch Identitätsbildung.

Angstbewältigung: Beratungsstunden für die Teams und daraus resultierend dann auch Einzelgespräche

Die *Narration* der Erinnerung hat zur Folge, dass über die Lenkung der Aufmerksamkeit Bewusstsein geschaffen wird. Allerdings ist der Erzähler bei der Inszenierung des dramatischen Prozesses, der nach Freud der Transformation von Passivität in Aktivität dient, dem Geschehenen nicht ausgeliefert sondern behält – Angstbewältigung ist eine Regulierungsleistung, in der sich das psychische Anliegen des Erzählers Wirkung

verschafft – stets die Kontrolle und kann
steuernd eingreifen.

Wunscherfüllung: Präsentation der Produkte und Erzählen der Geschichte dahinter (intern und öffentlich)

Das narrative Geschehen wird getragen von
einem „was wäre wenn" Szenario, also einem
Phantasiekonstrukt im Sinne Freudscher
Wunschtheorie, das entweder aus einer als
befriedigend erfahrenen Erinnerung
resultiert, deren *Recall* unterschwelliges
(oder erklärtes) Ziel ist, oder aus der Vision
einer als erfüllend bewerteten Zukunft.
Beides entsteht dabei gleichermaßen in
Ableitung phantasierender Transformation
von Erinnertem, wobei das Wünschen an
sich ein Diskrepanzerleben zum Ausdruck
bringt, das deutlich macht, dass ein
erfüllendes Moment scheinbar vermisst wird.

Mittels dieser vier Dimensionen wird die
folgende pädagogisch-therapeutische
Zielerreichung angestrebt. In Phase

1   die Aufmerksamkeit so zu lenken, dass
aus Erinnerung und dem, woraus sie
entstanden ist, Bewusstsein wird, das
die Handlungsstrukturen im für das

Individuum und die Gemeinschaft positiven Sinne beeinflusst.

2 dieses jeweils individuelle Bewusstsein in die Intra- und Intergruppenprozesse zu integrieren, um einen identitätsfördernden Austausch mit dem direkten Sozialisationsumfeld (Peergroup, Familie) zu erreichen und damit soziale Integration zu fördern.

3 durch einen vom/von der LehrerIn als BeraterIn kommentierten Austausch über den Stand der Arbeiten und der diesem zugrunde liegenden (auch individuellen) Intentionen Unsicherheiten zu beseitigen, um so einen aktiven, begründbaren Umgang mit der Thematik zu ermöglichen.

4 durch die Festlegung auf eine eigene Sicht der Dinge und das Vertreten dieser Sicht, sowohl gegenüber der Peergroup als auch gegenüber erweiterter Sozialisationsinstanzen (LehrerInnen etc.), eine Reduktion der Suggestibilität sowie eine Relativierung der individuellen Haltung und des Wertesystems – auch im Hinblick auf die prä-digitale Generation – zu erreichen, um so Diskursräume wiederzueröffnen.

Zwei Dinge waren mir aus pädagogischer Sicht im Hinblick auf die Projektabwicklung besonders wichtig:

- Zum einen sollten die Erstsemester, basierend auf den Erfahrungen der Fünftsemester, für mögliche Problemfelder, die sich in und um das Studium entwickeln können, sensibilisiert werden, von den Kompetenzen (Medienkompetenz und konzeptuelle Verwendung von Medien, Abwicklung komplexer Projekte, Softskills im Rahmen der Projektabwicklung) des höheren Semesters profitieren und eine motivierende Vorschau auf ihre künftigen Fähigkeiten bekommen, so dass der destabilisierende Studienbeginn in einem völlig neuen Umfeld schnellst möglich in einen stabilen Alltag übergehen kann.

- Zum anderen legte ich Wert auf die Schaffung einer experimentellen Selbständigkeit als Handlungsrahmen, um Handlungskompetenzen und etwaige Defizite in Kombination mit einem limitierten Betreuungsportfolio durch einen zu konsultierenden

„Unternehmensberater" in Form des/der Dozenten zu erfahren. Die Studierenden sollen auf diese Weise möglichst real erleben, wie Selbständigkeit funktioniert und welche Kompetenzen dazu notwendig sind. Darüber hinaus sollten die Studierenden eine weiterreichende Kommunikations- und Kollaborationskompetenz entwickeln sowie sich eines ökonomischen Umgangs mit Ressourcen bewusst werden.

Ausschlaggebend für die pädagogisch-therapeutische Konzeption von *Memory`s Voices* war zweierlei. Erstens: Die Studierenden arbeiteten im Rahmen von Projekten und Studienarbeiten zwar stundenlang selbstorganisiert, motiviert und aufmerksam mit dem Computer, waren aber kaum in der Lage – adäquat aufmerksam – einer Vorlesung/Präsenzlehreinheit über die Dauer von eineinhalb Stunden zu folgen. Dies führte in letzter Konsequenz dazu, dass die Präsenzveranstaltungen immer häufiger einen Monologcharakter annahmen, mit entsprechenden Folgen für Motivation und Aufmerksamkeit, sowohl für die Lehrenden als auch für die Lernenden. Zweitens: Die zunehmende Zahl von „ganz normalen"

Studierenden, die alle Anzeichen eines multiplen Überlastungssyndroms erkennen ließen[10] und die – offensichtlich zur Kompensation dessen – ein problematisches Konsumverhalten in Bezug auf die verschiedensten Substanzen entwickelt haben oder im Begriff waren dies zu tun. Im Wissen um die bedingte Wirksamkeit üblicher Präventionskonzepte und Interventionsangebote beschloss ich in Zusammenarbeit mit meinem Kollegen von der mobilen Suchtprävention,[11] mittels meiner Methode des *Digital-Story-Telling* tätig zu werden.

Eine ernsthafte Auseinandersetzung mit dieser zugegebenermaßen sehr abgedroschenen Thematik erfolgt meiner Erfahrung nach nur noch im Rahmen realer oder ernstzunehmender Szenarien, da die jugendlichen RezipientInnen durch dillethantische, von den Instanzen gesellschaftlicher Autorität verordnete, von Doppelmoral durchdrungenen Kampagnen

---

[10] dessen Auslöser stets multidimensional waren (völlig neues Umfeld, fehlende Integration am Studienort, Probleme in der Familie, Beziehungsprobleme, Existenzängste etc.) und in keinem Fall ausschließlich auf die Anforderungen des Studiums zurückgeführt werden konnten

[11] Mag. Karl-Heinz Marent, vormals Projektleiter der **Supro**mobil der Stiftung Maria Ebene im österreichischen Bundesland Vorarlberg

und Diskussionen zermürbt sind. Zwei Beispiele hierzu: Die in Österreich vom Fonds Gesundes Österreich durchgeführte Kampagne *ich bRAUCH's nicht*, die auch im Rahmen der Kinowerbung zwischen Trailern von z.B. *Matrix*, *Terminator* sowie extrem zielgruppenspezifischer Werbung läuft und im besten Fall untergeht, und die in Deutschland seit Jahrzehnten nahezu unveränderte Einblendung nach jeder hochemotionalen Zigarettenwerbung (in Form von z.T. brillanten *Digital-Stories*) im Kino „Der Bundesgesundheitsminister warnt . . .", die die Absurdität des prä-digitalen Wertesystems gnadenlos ins Bewusstsein rückt und damit Haltung und Handeln determiniert. Diesen Prozess gilt es, durch konstruktives Lenken von Aufmerksamkeit – im Zusammenhang mit der Erstellung der jeweiligen *Digital-Story* – zu begegnen und so dafür zu sorgen, dass ein Bewusstsein geschaffen wird, das in der Lage ist, diese Prozesse mit entsprechendem Handeln als Konsequenz zu durchschauen.

Vor diesem Hintergrund wurden die Studierenden in ein reales Projekt für die mobile Suchtprävention im österreichischen Bundesland Vorarlberg eingebunden, zumal die Motivation in noch einem fiktiven Lernszenario kaum herzustellen gewesen wäre. Dementsprechend wurden sie mit der Erstellung medialer Kommunikate in Form von *Digital Stories* als Basis für eine Medienkampagne im Präventionsbereich beauftragt, die folgende Ziele zum Inhalt hatte:

- Jugendliche KonsumentInnen zur Reflexion ihres Verhaltens anzuregen

- Eine Änderung des Verhaltens herbeizuführen

- Den Beziehungsaufbau zur Drogenhilfe zu unterstützen und Kontakte zu festigen

Bei dieser Kampagne wurde auf die Kreativität der Studierenden und Ihre Nähe zur Zielgruppe gesetzt. Sie bekamen keine Vorgaben, außer dass sich die *Digital Story* als zielgruppenadäquater Spot im Rahmen der Kinowerbung eignen sollte.

Projektphase 1 – Bewusstsein schaffen, Handeln beeinflussen

Dieser pädagogische Rahmen, der dem Curriculum zweifelsfrei genügt, bietet die ideale Basis zur Umsetzung der pädagogisch-therapeutischen Dimension, zumal das Lernen im Gleichtakt, so wie es die fragend-entwickelnde Methode voraussetzt, und das auf einer manipulativen und in letzter Konsequenz destruktiven Gleichschaltung basiert, immer seltener funktioniert, nicht zuletzt weil auch der Grenzbereich zwischen Langeweile und Überaktivierung immer schmäler wird. Das mehr oder weniger passive Konsumieren vorgegebener Wahrheiten verliert an Gewicht, dem eigenständigen aber dennoch sozial-kooperativen Erkunden, Erfahren und Entdecken der Welt hingegen kommt, gerade in der Medialität, eine immense und stetig wachsende Bedeutung zu. So gewannen die Studierenden bleibende Erkenntnisse hinsichtlich des konzeptuellen Medieneinsatzens im Rahmen von Präventionskampagnen und darüber hinaus, in einer dadurch aktiven Auseinandersetzung mit dem Themenfeld „Drogen, Konsum und Missbrauch" durch Reflexion einen bewussten Einblick in ihr individuelles Konsumverhalten, respektive das des Freundeskreises und des weiteren Umfelds. Im Zuge dieser Auseinandersetzung wurde den StudentInnen darüber hinaus nach eigenen Aussagen deutlich, dass der Umgang auch mit legalen Drogen im Rahmen verschiedenster Events (Musik, Lifestyle etc.), aber auch der oftmals ritualisierte Konsum im häuslichen Umfeld zum Teil bedenkliche Dimensionen angenommen hatte.[12]

Projektphase 2 – Bewusstes teilen, Identität bilden

Die Wirksamkeit dieser Methode des *Digital Storytelling* resultiert nun daraus, dass sie versucht, den Bedürfnissen der post-digital sozialisierten Studierenden nach sozialer Zuwendung (vgl. oben Haffner et al. 2001 u. 2002) zu entsprechen, was selbstverständlich gegenüber der Abwicklung eines „normalen" Projekts einen gewissen Mehraufwand bedeutet. Die Studierenden gehen dafür aber neue Wege, arbeiten hocheffizient arbeitsteilig, dabei aber dennoch äußerst kollaborativ, finden ihre individuellen Kompetenzschwerpunkte heraus, sind hochkreativ, motiviert und gehen dabei zum Teil auch bis an ihre Leistungsgrenze. Im Gegensatz zum eingangs beschriebenen multiplen

---

[12] Vgl. Reiner Kramer und Jochen Leffers, „Jeder fünfte Student ist psychisch labil", Spiegel Online 28. Aug. 2003, 29. Aug. 2003 <http://www.spiegel.de/unispiegel/studium/0,1518,254757,00.html>: Über 20 Prozent der deutschen HochschülerInnen leiden unter Essstörungen oder Depressionen, viele greifen regelmäßig zur Flasche oder zum Joint. Das zeigt eine neue Untersuchung Kölner Forscher. Sie sehen einen engen Zusammenhang zwischen Drogenkonsum, seelischer Balance und Studienerfolg.

Überlastungssyndrom wird die in diesem Zusammenhang erbrachte Leistung allerdings als extrem befriedigend beschrieben und die dabei gemachten Erfahrungen als bisher nicht gekannt und äußerst hilfreich. Die Erstsemester fühlten sich bereits nach kurzer Zeit nicht mehr als Neulinge, sondern als ernst genommene KollegInnen, die im Wissen um das, was auf sie zukommt, zunehmend gelassener werden. Die Wirksamkeit dieser Phase des Projekts beruht in erster Linie auf dem Einbringen individuellen Erlebens in die neue Gruppe / Situation, dem darauf folgenden emotionalen Feedback und dem daraus resultierenden Identitätsgewinn bzw. der Förderung derselben.

Projektphase 3 – Vorstellungen bestätigen, Unsicherheit bewältigen

In Fortführung der Projektphase 2 war auch innerhalb der Phase 3 die Persönlichkeitsbildung ein zentrales Anliegen. Im Hinblick darauf war die Beratungsleistung des Lehrers (der als „Unternehmensberater" fungierte) nur dann abrufbar, wenn die Gruppe in der Lage war, einen gemeinsamen Termin zu vereinbaren und geschlossen zu erscheinen. Dies hatte zum Ziel, den Studierenden die Notwendigkeit von Verbindlichkeit und

Verlässlichkeit zu demonstrieren – der Grundlage einer jeden Kooperation im Rahmen komplexer Projekte. Darüber hinaus galt es zu vermeiden, dass schwächere Gruppenmitglieder ausgegrenzt werden, oder dass sich informelle Wissensströme verselbständigen. Im Rahmen dieser Gespräche konnten die Studierenden ihre Sichtweise und Haltung zu strittigen Punkten relativieren oder bestätigen und damit eine Sicherheit ihres Standpunktes erreichen, der einen aktiven und begründbaren Umgang mit der Thematik ermöglicht sowie eine weiterreichende rhetorische Flexibilität. Aus therapeutischer Sicht konnte man aufgrund der Haltung der einzelnen Gruppenmitglieder und ihres Verhaltens / ihrer Rolle in der Gruppe ein sehr gutes Gefühl dafür bekommen, wer in welchem Verhältnis zum behandelten Thema steht, wer als potenzielle/r KonsumentIn in Frage kommt, wer gefährdet ist, respektive wer welchem Konsumentenprofil entspricht oder welche individuellen Problemlagen darüber hinaus bestehen. Labile und unsichere Personen konnten sich in diesem Rahmen ihrer Handlungskompetenz bewusst werden und so erfahren, dass sie sowohl in der Gruppe als auch als Individuum handlungsfähig sind. Dies führte dazu, dass Einzelne den Mut fassten, sich und ihr Problem – dann auch in Einzelgesprächen –

zu offenbaren und nach Hilfe zu suchen.

Projektphase 4 – Standpunkt einnehmen, Persönlichkeit erfahren

Die abschließende Präsentation bestand aus zwei Teilen, einem informellen, der gemeinsam mit den Erstsemestern stattfand und einem offiziellen, der öffentlich war und an dem ein Expertengremium, Rektor, Geschäftsführer und der zuständige Landesrat teilnahmen.

Im ersten etwa zwei Stunden umfassenden Teil wurde das gesamte Projekt moderiert reflektiert, was in einer sehr offenen und engagierten Diskussion gipfelte, auf deren Höhepunkt den Studierenden die Komplexität des Projekts und dessen, was sie im Hinblick auf Medienkompetenz, den kritischen Einsatz von Medien, Projektmanagement, Kommunikation- und Kollaborationskompetenz gelernt und geleistet hatten, bewusst wurde. Dass sie, ohne es zu bemerken, gleichzeitig auch ein präventiv-therapeutisches Programm durchlaufen hatten, machte ihnen zudem ihre Manipulierbarkeit nachhaltig bewusst. Ziel dieses Programms war es, ihre Erinnerungsfragmente, die zur Diffusion der Persönlichkeit und damit letztendlich zu einer hohen Suggestibilität geführt hatten, wieder identitätsbildend zu integrieren.

Im zweiten Teil wurden die Arbeiten dialogisch mit den Studierenden von einem Expertengremium (Landesdrogenbeauftragter, Agenturvertreter, SozialarbeiterInnen, TherapeutInnen, PolitikerInnen) analysiert. Ziel war es, allen Studierenden, vor allem aber den problembeladen-ängstlichen zu zeigen, dass sie etwas zu leisten im Stande sind und über Kompetenzen verfügen, die von ihrem sozialen Umfeld (Peers und Publikum) anerkannt werden. Auf diese Weise werden sie im Dialog mit Individuen und gesellschaftlichen Instanzen *als Menschen von Menschen bestätigt* und erfahren so die für die Identitätsbildung und ein Bestehen in der und für die Gesellschaft existenzielle Wirkung des Selbstwertes. Dass im Herbst dieses Jahres alle vorgestellten *Digital-Stories* entweder landesweit in die Kinos kommen oder im Rahmen von großen Jugend-, Sport- oder Musikveranstaltungen gezeigt werden, ist ein Indiz für die Wirksamkeit des dialogischen Prozesses zwischen prä- und post-digitalen Generationen und für eine auf der Verständigung über gemeinsame Werte basierenden Annäherung der Sozialisationsinstanzen.

Noch ein Wort zur technischen Umsetzung

Um ein *Digital Storytelling Projekt* zielführend umzusetzen, bedarf es keines Informatikstudiums. Vielmehr bietet sich in Verbindung damit die Gelegenheit spielerisch – und unter Einbeziehung der Kompetenz der SchülerInnen – Medienkompetenz zu erwerben. Benötigt wird lediglich ein Computer, Experimentierfreude und Kreativität im Hinblick auf die Erreichung Ihrer Therapie-, Lehr- und Lernziele.[13] Ich habe mein erstes DST-Projekt z.B. ganz einfach mit MS PowerPoint umgesetzt und tue das mit meinen Erstsemestern noch heute. Diese Variante wird den versierten *Digital Storyteller* zwar nicht befriedigen, bietet aber dennoch handfeste Vorteile, wie z.B.:

*   Die TeilnehmerInnen sehen sofort einen Erfolg, weil fast alle ComputerbenutzerInnen *PowerPoint* bedienen können. Frustration im Zusammenhang mit der Auseinandersetzung mit dem

---

[13] Anregungen und weiterreichende Erläuterungen finden auf den Seiten des Center for Digital Storytelling (http://www.storycenter.org). Eine genaue Anleitung bietet darüber hinaus das *Cookbook* (http://www.storycenter.org/memvoice/pages/cookbook.html).

Computer wird vermieden, und man kann sofort zum Thema kommen.

- Die Kenntnisse im Umgang mit dieser im heutigen Berufsumfeld nicht mehr wegzudenkenden Software werden vertieft; man lernt die gebotenen Optionen auszunutzen, was bei „normalen" Präsentationen deutliche Vorteile bedeuten kann.

- Es entstehen keine zusätzlichen Kosten, weil PowerPoint auf praktisch jedem handelsüblichen Rechner installiert ist; die Anschaffung einer Videoschnittsoftware entfällt.

Ein Manko im Hinblick auf *PowerPoint* besteht z. B. darin, dass nur Bilder mit Musik und/oder Stimme kombiniert und als sog. *Slideshows* abgespielt oder vom Erzähler – z.B. untermalt durch der Stimmung förderliche Musik – präsentiert werden können. Was für den Unterrichtsalltag völlig ausreicht, kann im Rahmen eines Workshops (oder wenn entsprechende Kenntnisse vorausgesetzt werden können) bis hin zu komplexen Videoprojekten ausgebaut werden. Allerdings empfiehlt sich dann der Einsatz von Programmen wie z.B. Premiere, einer Videoschnitt-Software von Adobe, die sehr gut, aber leider auch sehr teuer ist (im

Cookbook des Center for Digital Storytelling wird die Handhabung erklärt) oder EVE – Easy Video Editing, ein Programm der Mainconcept AG, das sehr einfach zu bedienen, absolut ausreichend und darüber hinaus sehr günstig ist.

Nun gilt es nur noch der unter PädagogInnen weit verbreiteten Furcht oder Skepsis in Bezug auf den Einsatz von NM in der Lehre zu begegnen. Meine feste Überzeugung ist die, dass es ihnen ebenso gelingen wird NM didaktisch sinnvoll nutzbar zu machen, wie es ihnen nach Comenius (1592-1670) gelungen ist, das Buch – als es ein neues Medium war – didaktisch sinnvoll nutzbar zu machen. Dies gilt vor allem dann, wenn es ihnen gelingt, unbefangen von den Mechanismen der Medialität zu verstehen, dass NM etwas sind, dessen Limitierung und Forcierung, Sinn und Unsinn im Hinblick auf den Einsatz in der Lehre in immer größerem Maße von ihrer eigenen medien-(didaktischen) Kompetenz abhängt und dann ein Stück weit Unabhängigkeit bedeutet.

Mit Hilfe meiner Methode des *Digital Storytelling*, die insbesondere darauf abzielt, über Reflexion, soziale Integration, die

Reduktion von Unsicherheit und Förderung der individuellen Identität, der zwischen der prä- und post-digitalen Generation raumgreifenden Sprachlosigkeit zu begegnen, gelingen mir sowohl in meiner pädagogischen als auch therapeutischen Arbeit – vor allem bei Kindern und Jugendlichen – gute Erfolge. Dieser Ansatz, der sowohl eine umfassende pädagogische als auch fundiert therapeutische Intention integriert, macht auch deshalb Sinn, weil leider weder Lehrpläne noch Rahmenstudienordnungen Zeitfenster berücksichtigen, in denen Raum für etwas anderes als pure Stoffvermittlung ohne Rücksicht auf Verluste wäre. Angesichts des eingangs beschriebenen Wandels ist das eine grobe Fahrlässigkeit und zudem eine Auffassung von Bildung, die mir zutiefst widerstrebt. Die Bewahrung oder die Wiedererlangung der eigenen Identität scheint angesichts immer mächtigerer medialer Manipulationspotenziale und deren Wirkung (vgl. Rabenschlag & Heger 2000)[14]

---

[14] Rabenschlag und Heger belegen im Rahmen ihrer Studie, dass bereits jedes hundertste Kind von weniger als sechs Jahren, jedes fünfzigste Schulkind und jeder sechste Jugendliche an einer schweren Depression leidet – mit steigender Tendenz. Die Leiden depressiver Kinder umfassen demnach vor allem psychosomatische Beschwerden, wie beispielsweise Bauchschmerzen. Beschrieben werden darüber hinaus Rückzug von Freunden und eine erschwerte Abnabelung von Zuhause. Außerdem seien die wenigsten depressiven Kinder nur depressiv. Viele verhielten sich darüber hinaus aggressiv und zerstörerisch, andere leiden

als einzig verbleibende Methode eines der Pädagogik den Weg bereitenden integrierenden Ansatzes, nicht zuletzt deshalb, weil die Instanzen gesellschaftlich Autorität nicht mehr tragen.

Vor diesem Hintergrund darf humanistische Bildung nicht zu bloßer Wissensvermittlung unter der Ägide der Technik verkommen. Ziel muss es sein, Persönlichkeiten zu bilden, die wieder in der Lage sind, an sich selbst zu wachsen. Angesichts eines durch eine veränderte Technik veränderten Bewusstseins ist in der Medialität Pädagogik ohne Therapie nicht mehr denkbar.

---

unter Essstörungen, während manche konzentrationsgestört und unruhig sind oder Schlafstörungen haben.

Der Schlüssel der Geschichte ist nicht in der Geschichte, er ist im Menschen.

(Théodore Simon Jouffroy)

Mini Guide: Once upon a time…
Pädagogische und therapeutische Intentionen mit Geschichte(n) beleben!

Digital Storytelling: *Back to the roots!*

Digital Storytelling ist eine Methode zur *Bildung* von Medienkompetenz, Wissen und Persönlichkeit. Zusätzlich zum bewussten Umgang mit Medien und Informationen, erschließt sich den KursteilnehmerInnen das Menschliche hinter der Geschichte (vgl. Dorn 2004) - das Mark des Lebens, das sich in unserer medialen Gesellschaft zunehmend auflöst.

Digital Storytelling ist der Schlüssel, mit dem man der *medial sozialisierten* Generation (vgl. Dorn 2003, 2015) die positiven Eigenschaften der ursprünglichen mündlichen und schriftlichen Überlieferungsformen eröffnet.

Die Förderung der Vorstellungskraft, der Kreativität, der Konzentrationsfähigkeit, des Spracherwerbs und sozialer Kompetenzen sind in unserer von Medien geprägten Welt wichtiger denn je.

Einen umfassenden Artikel über Intention, Didaktik und Hintergründe finden Sie in der Publikation „Handlungsorientiertes Lernen und eLearning" (vgl. Dorn 2004)

Neben dem Umgang mit Hard- und Software werden im *Digital Storytelling Cookbook* des *Center for Digital Storycenter* auch die Grundlagen des ursprünglichen DST ausführlich beschrieben: http://www.storycenter.org/memvoice/page s/cookbook.html

Bodenständiges und Exotisches

Was Sie an Hardware benötigen, hängt davon ab, ob Sie mit Einzelpersonen, Kleingruppen oder Großgruppen arbeiten möchten und wie Ihr didaktischer Ansatz aussieht.

Computer

Ausreichend ist ein Standardgerät mit der üblichen Software-Ausstattung. (z.B. ein Mac Book air, ca. 1000 Euro, inkl. umfangreicher iWorks 09 Software für umfangreiche Foto, Film und Musikbearbeitung, zzgl. Tastatur, Maus, Bildschirm). Hilfreich sind ein Internetzugang und ein CD-Brenner.

Scanner

Ein einfacher Flachbettscanner ist ausreichend. Wir verwenden noch immer einen uralten Epson Perfection 1650 (circa 250 Euro). Vorteil: funktioniert immer und ist bedingungslos kompatibel (USB).

Digitalkamera und/oder digitale Videokamera

Bei einer mittlerweile unübersichtlichen Modellvielfalt ist es am besten, Sie warten bis zu einem verregneten Wochenende, und konsultieren dann die einschlägigen Testheftchen und das Internet.

Headset

Gute Erfahrungen haben wir mit dem Sennheiser PC 3 Chat Headset (ca. 20 Euro). Vorteil: Es klingt super und trägt sich auch genau so.

Software

Im einfachsten Fall genügt das auf nahezu jedem PC installierte Microsoft PowerPoint.

Für ambitioniertere StorytellerInnen gibt es Gratis-Videoschnitt Softwaren sowohl von Apple (iMovie) als auch von Microsoft (MovieMaker).

Um Sounds aller Art und Ihre Texte aufnehmen und bearbeiten zu können, benötigen Sie einen Audioeditor wie zum Beispiel den von Audacity http://audacity.sourceforge.net/ den es ebenfalls gratis zum Download gibt.

Eine Bildbearbeitungssoftware ist sowohl bei Microsoft als auch bei Apple (iPhoto und jetzt auch Bridge) in den Software-Standardpaketen enthalten.

Los geht's!

Beim *Digital Storytelling* sollen die Lernenden im Rahmen eines wohl vorbereiteten didaktischen Szenarios mit Hilfe Neuer Medien Stellung zu einer bestimmten Aufgabenstellung / Thema nehmen. Durch die Art und Weise wie sie das tun, gewähren Sie einen Einblick in ihre Verhaltens- und Handlungsmotivation.

Angelehnt an die „7 Elements" (des *Center for Digital Storytelling*, beschreiben die nachfolgenden sieben Punkte, die Stationen auf dem Weg hin zu einer Digital Story (einem Digital Storytelling-Projekt).

1. (S)Einen Standpunkt einnehmen

Es ist die Aufgabe des/der Lehrenden, die Lernenden bei der Konkretisierung IHRES Standpunkts zu unterstützen, um Erinnertes und Assoziationen zum Gegenstand einer bewussten Reflexion zu machen. Dies kann auf verschiedene Arten, z.B. mittels moderierter Diskussionen, Gruppenarbeiten oder aber individueller Recherche (mit oder ohne Coaching), erreicht werden.

Die gewonnenen Ergebnisse werden im Anschluss präsentiert und diskutiert. So wird die jeweilige Geschichte die man zu erzählen gedenkt, indem man für sie eintritt und verteidigt, auf den Punkt gebracht. Die ErzählerInnen erhalten so außerdem eine Rückmeldung ihrer Peergroup. Diffuses wird konkret, Unfassbares fassbar und Fragwürdiges klar.

2. Themen finden und Wissen wollen

Die Forderung, die Dinge auf den Punkt zu bringen, verlangt vom/von der Lehrenden ein seiner/ihrer Intention entsprechendes didaktisches Konzept, das klare Fragestellungen vorsieht. Im Zusammenhang mit dem Irakkrieg wäre zum Beispiel die Fragestellung „Was ist Krieg?" denkbar und sinnvoll gewesen. Hier hätte man die Gesichter des Krieges zeigen können – zerfetzte Soldaten und Zivilisten überall auf der Welt - ebenso wie das, was auf vielen Schulhöfen oder in immer mehr Trabantenstädten direkt vor unseren Haustüren stattfindet. So wird Doppelmoral entlarvt und das Assoziationsvermögen geschult.

3. Das Wesen des Menschen macht Geschichte

Da in unserer Medialität kaum mehr jemand das sagt, was er wirklich denkt, geschweige denn fühlt, wird es immer schwieriger, etwas über das Wesen unserer Mitmenschen zu erfahren - so notwendig es auch ist.

Geschichten durchbrechen diesen Status, da sie immer mehr enthalten, als der Erzähler bewusst beabsichtigt, da er dem, was er geschaffen hat, gegenüber immer auch Interpret ist. Niemand kann sich der Macht der unbewussten Erinnerung entziehen, noch kann er sich an alle Bewusstseinszustände erinnern, die ihn veranlasst haben, das, was er in eine Geschichte hat einfließen lassen, so hat einfließen lassen, wie er es getan hat (vgl. Bidlo 2003). Die Aussagen des Erzählers, die er durch seine Geschichte transportiert, können also anhand der Geschichte selbst hinterfragt werden. So erhalten wir von Menschen Eindrücke, die wir sonst kaum gewinnen könnten.

4. Der Geschichte (s)eine Stimme geben

Unsere Stimme ist der Schlüssel zu unseren Emotionen, sie gibt uns eine Persönlichkeit und verleiht uns ein Gesicht, selbst dann, wenn wir gar nicht zu sehen sind. Sie verrät, ob wir unsicher sind, glücklich, wütend oder überheblich, ob wir es ehrlich meinen oder etwas nur so dahersagen.

Mit sich selbst durch seine Stimme konfrontiert zu werden, indem man sich sozusagen selbst – wie ein Dritter – zuhört, trägt dazu bei, sich seiner Wirkung und damit seines Selbst bewusst zu werden. Der Einsatz der eigenen Stimme wirkt so persönlichkeitsbildend.

5. Die Vertonung der Bilder – die Geschichte stark machen

Welche Bilder mit welcher Musik harmonieren, wissen die MTV-Kids genau - machen Sie sich also keinen Kopf! Nutzen sie aber die Chance, über „problematische" Gruppen, Texte usw. zu sprechen und das zu thematisieren, was das Problem (aus Ihrer Sicht) in diesem Zusammenhang darstellt, oder warum was aus welchem Grund so bedingungslos als „cool" angenommen und vertreten wird.

Beachten sollten Sie, dass wenn ein eigener Text unterlegt wird - und das sollte das Ziel sein - nur Instrumentalmusik zum Einsatz kommt, es sei denn, starke Liedtexte ergänzen das Gesagte und/oder unterstreichen damit die gewünschte Wirkung.

6. Die richtige Komposition des Multimediums

Alles was in einer *digital story* gezeigt wird,

muss der Intention der Geschichte dienen und diese vorantreiben. Das meint auch Peter Jackson, der Regisseur von *Der Herr der Ringe* und der muss es ja nun wirklich wissen (Fisher & Tolkien 2001). Diese Limitierung dient dem Erwerb einer Schlüsselkompetenz in unserer maßlosen Medialität - Selbstbeschränkung.

7. Die individuelle Dramaturgie der Geschichte

Kontemplation, Romantik, Entspannung oder einfach nur Freude vermitteln Sie mit einer langsamen Schnittfolge, wenigen Einstellungen und mit fließend-ruhiger Musik, während viele verschiedene Einstellungen und eine schnelle Schnittfolge - unterlegt mit treibender Musik - Dramatik, Dringlichkeit, Nervosität und Aufregung vermitteln. So wie unser Leben zwingend in Zyklen verläuft, muss auch eine gute Geschichte diesem Verlauf folgen: Anspannung und Entspannung, Freude und Trauer, einen ruhigen Fluss und einen reißenden Strom beinhalten.

Memory`s Voices

Ein pädagogisch-therapeutisches Digital Storytelling Projekt für medial sozialisierte Menschen.

Das Ergebnis dieses Initialprojekts – das aus zwei Einzelprojekten bestand - war eine DVD mit insgesamt 14 Digital Storys.

Das Teilprojekt **9-11:Wounded Minds**

Dieser Projektteil ist kurz nach dem 11. September entstanden. Beherrschendes Thema war der Anschlag auf das World Trade Center, neben dem jeder noch so gut gemeinte Versuch der Wissensvermittlung banal erschien. Im Fach „Mediale

Kommunikation" des Studiengangs Intermedia (Kommunikationsdesign) der Fachhochschule Vorarlberg erhielten die Studierenden daraufhin die Möglichkeit, ihre „inneren Monologe" medial zu illustrieren und so ihren Kommilitonen zugänglich zu machen. Die Arbeit in Gruppen und ein umfassendes Coaching stellten dabei sicher, dass auf der einen Seite eine Verarbeitung des (medial) Erlebten möglich wurde, ohne dabei die curricularen Anforderungen des Fachs sowie des Studiengangs aus den Augen zu verlieren.

„Wir alle sind Erinnerung und ohne Erinnerung sind wir nichts. Die Geschichten, die wir in uns tragen, machen uns zu den Menschen, die wir sind. Die mediale Durchdringung unserer Gesellschaft sorgt dafür, dass Erinnerung, Fiktion und Realität verschwimmen – dass wir Ereignisse, die zwangsläufig zu Erinnerung werden, zunehmend kritiklos konsumieren. Der Wiederstand ist gebrochen – Zeitungen, Radio, Fernsehen, Computer, Internet – es geschieht einfach – und wir lassen es geschehen! Was aber, wenn uns diese Erinnerung nicht gefällt? Was, wenn wir zu

Menschen geworden sind, die wir nie sein wollten...?! [15]

Und diese Storys sind dabei entstanden:

- The program is mine
- Das Wunder Mensch
- Menschen wie wir
- Wir lachen über das Leben
- Mehr Schein als Sein
- Bild unserer Zeit
- Deadline
- Die letzte Entscheidung

Das Teilprojekt **Drugs: Mirrored Behaviour**

Dieses Teilprojekt bildete die Grundlage einer ernsthaften Auseinandersetzung mit dem in der öffentlichen Diskussion ziemlich abgedroschenen Thema Drogen und Sucht. Um das zu erreichen, wurden die Studierenden von der mobilen Sekundärprävention des Landes Vorarlberg (in Absprache mit mir und meiner Intention folgend...) – im Rahmen eines Semesterprojekts – beauftragt, mediale Kommunikate in Form von Digital Storys als

---

15 vgl. „Der mediale Mensch", in „Mediale Sozialisation und eEducation: Neue Medien – Neue Menschen – Neue Didaktik"; Dorn 2003 / 2015

Basis für eine Medienkampagne im Präventionsbereich zu erstellen, die...

- jugendliche KonsumentInnen zur Reflexion ihres Verhaltens anregt
- eine Änderung des Verhaltens herbeiführt
- den Beziehungsaufbau zur Drogenhilfe unterstützt und bestehende Kontakte festigt

Die didaktische Parallelintention dieses semesterübergreifenden Lehransatzes reichte dabei allerdings bedeutend weiter. Ausschlaggebend für die pädagogisch-therapeutische Konzeption von „Drugs: Mirrored Behaviour" war zweierlei. Es sollte ein Lernumfeld geschaffen werden, das die Studierenden – erstens – in die Lage versetzt, aneinander zu wachsen, und - zweitens – ihre Befindlichkeit (wie geht es mir und warum geht es mir so?) sowie ihr Konsumverhalten zu reflektieren.

„Im Land des verlorenen Lächelns" sind Drogen Speise und Alkohol Trank. Sie geben hier die Kraft zu verhindern, dass die Seele in sich zusammenstürzt, wie eine vergehende Welt. Eine Welt, die instabil geworden ist durch den Sieg der Sehnsucht über das Glück, des Egoismus über das Mitgefühl, des

Kommerzes über die Sinnhaftigkeit, der Macht über den gesunden Menschenverstand, der Oberflächlichkeit über die Menschlichkeit, des Menschen über den Menschen."[16]

Und diese Storys sind dabei entstanden:

- Trainspot
- Selbstgespräch
- Theater des Lebens
- The Decline
- Am Drücker
- Rauchen... (3 Einzelspots)

Ich denke die Unterschiedlichkeit der Titel macht deutlich, wie verschieden auch die „inneren Monologe" der einzelnen Studierenden sind. Und genau darin liegt die Chance: indem man im Rahmen der medialen Aufbereitung begleitet an der Konkretisierung und Illustration der belastenden Gedanken arbeitet und „sich dann selbst veröffentlicht" schafft man Raum für heilende Diskussionen, die oft die innere Diffusion auflösen. Geachtet werden muss in jedem Fall auf einen schützenden Rahmen!

---

16 vgl. „Soziale Geräusche – die private Antwort auf: Wie geht's?"; Dorn 2001)

Literatur

Akhtar, S. & Samuel, S. (1996). The Concept of Identity, Developmental Origins, Phenomenology, Clinical Relevance and Measurement. Harvard Review of Psychiatry, 3 (5), S. 254-267.

Baader, R. (2001, 3. Aufl.). Die belogene Generation. Gräfelfing: Resch.

Bachmann, A. & Kappel, B., „Wenn der Job zur Qual wird – Psycho-Stress am Arbeitsplatz", BR report – Sendetermin: 23.06.2003, 16.07.2003 <http://www.br-online.de/daserste/report/archiv/2003/00024/>

Bell, D. (1975). Die nachindustrielle Gesellschaft. Übersetzer Summerer, S. & Kurz, G. Campus: Frankfurt am Main.

Boothe, B. (1994). Der Patient als Erzähler in der Psychotherapie. Göttingen: Vandenhoeck & Ruprecht.

Boothe, B., von Wyl, A. & Wepfer, R. (2000). Erzähldynamik und Psychodynamik. In M. Neumann (Hrsg.). Erzählte Identitäten (S. 59-76). München: Fink.

Dorn, Ch. (2003). Mediale Sozialisation und eEducation. Neue Menschen – neue

Medien – neue Didaktik. Eine Systementwicklung auf Basis der Analyse menschlicher Bewusstseins- und Handlungsstrukturen vor dem Hintergrund einer immer authentischer werdenden Medialität. (unveröffentlichte Dissertation an der Universität für Humanwissenschaften im Fürstentum Liechtenstein)

Dorn, Ch. (2004). Digital Storytelling - Erziehung zur medialen Mündigkeit durch Bildung zur medialen Reflexion, in: Mayer / Treichel (Hg.), Handlungsorientiertes Lernen und eLearning, Wissenschaftsverlag Oldenbourg

Dorn, Ch. (2015). Mediale Sozialisation und eEducation. Neue Menschen – neue Medien – neue Didaktik. Eine Konzeptentwicklung auf Basis der Analyse menschlicher Bewusstseins- und Handlungsstrukturen vor dem Hintergrund einer immer authentischer werdenden Medialität. Books on Demand. Norderstedt

Eisenmann, B. (1995). Erzählen in der Therapie. Eine handlungstheoretisch und psychoanalytisch orientierte Studie. Opladen: Westdeutscher Verlag.

Erikson, E. (1973). Identität und Lebenszyklus. Frankfurt a. M.: Surkamp. [Originalausgabe 1959 bei International University Press unter dem Titel Identity and the Life Cycle:.Psychological Issues Monograph I.]

Eschenauer, B. (1989). Medienpädagogik in den Lehrplänen: Eine Inhaltsanalyse zu den Curricula der allgemeinbildenden Schulen. Gütersloh: Bertelsman Stiftung.

Feierabend, S. & Klingler, W. (2000). JIM 99/2000 Jugend, Information, (Multi-) Media: Basisuntersuchung zum Medienumgang 12- bis 19jähriger in Deutschland. Baden-Baden: Medienpädagogischer Forschungsverband Südwest.

Flader, D. & Giesecke, W. (1980). Erzählen im psychoanalytischen Erstinterview – eine Fallstudie. In K. Ehlich (Hrsg.), Erzählen im Alltag (S. 209-262). Frankfurt a. M.: Suhrkamp.

Fröhlich, W. D. (2000, 23. Aufl.) Wörterbuch zur Psychologie. „Bewusstsein", S. 97, „Handeln" S. 216. München: dtv.

Gaschke, S. (2001). „Die Elternkatastrophe". Die Zeit 18 (2001), 29. Aug. 2003 <http://ww.zeit.de/2001/18/Hochschul

e/print_200118_1._leiter.html>.

Gergen, K. J. & Gergen, M. M. (1988).
Narrative and the Self as Relationship.
In L. Berkowitz (Hrsg.), Advances in
Experimental Social Psychology, Vol. 21
(S. 17-56). New York: Academic Press.

Grefe, Ch. (2003) „Leidende Angestellte",
Die Zeit 36 (2003), 29. Aug. 2003
<http://www.zeit.de/2003/36/M-
Stress>

Glotz, P. (1999). Die beschleunigte
Gesellschaft. München: Kindler

Greiner, U. (2002) „Wenn der Druck steigt".
Die Zeit 19 (2002). 20. August 2003
<http://www.zeit.de/2002/19/Kultur/pri
nt_200219_erfurt.html>.

Haffner, J., Esther, C., Münch, H., Parzer, P.,
Raue, B., Steen, R., Klett, M. & Resch, F.
(2002). Verhaltensauffälligkeiten im
Einschulungsalter aus elterlicher
Perspektive - Ergebnisse zu Prävalenz
und Risikofaktoren in einer
epidemiologischen Studie. Praxis der
Kinderpsychologie und
Kinderpsychiatrie, 9/02, 675-696.

Haffner, J., Parzer, P., Raue, B., Steen, R.,
Münch, H., Giovannini, S., Esther, C.,
Klett, M. & Resch, F. (2001).
Lebenssituation und Verhalten von

Kindern im zeitlichen Wandel.
Gesundheitsbericht Rhein-Neckar-Kreis
/ Heidelberg, Band 2.

Hinrichs, P. et al. (2003). „Horrortrip Schule".
Der Spiegel 46 (2003): S. 46-68.

„Jobbende Schüler: Morgens büffeln,
abends rackern". Spiegel Online 25.
April 2002. 20.August 2003
<http:/www.spiegel.de/unispiegel/jobu
ndberuf/0,1518,193462,00.html>.

Kramer, R. & Leffers, J. (2003). „Jeder fünfte
Student ist psychisch labil", Spiegel
Online 28. Aug. 2003, 29. Aug. 2003
<http://www.spiegel.de/unispiegel/stu
dium/0,1518,254757,00.html>

Labov, W. & Fanshel, D. (1977). Therapeutic
Discourse: Psychotherapy as
Conversation. New York: Academic
Press.

„Mediennews". Mediendaten Südwest:
Newsletter. 23. Januar 2002. 20.
August 2003
<http://www.mediendaten.de/news/in
dex.html>.

„Medien und Freizeit (in Prozent) 2002". 14.
August 2002. Mediendaten Südwest,
eMind@emnid. 20. August 2003
<http://www.mediendaten.de/gesamt/
basisdaten/freizeit_p.html>.

Quasthoff, V. M. (1980). Erzählen in Gesprächen. Tübingen: Niemeyer.

Rabenschlag, U. & Heger, R. (2000). Wenn Kinder nicht mehr froh sein dürfen: Depressionen bei Kindern erkennen und helfen. Freiburg: Herder.

Schachter, D. (2001). Wir sind Erinnerung: Gedächtnis und Persönlichkeit. Reinbek: Rororo.

Schütze, F. (1976). Zur soziologischen und linguistischen Analyse von Erzählungen. Internationales Jahrbuch für Wissens- und Religionssoziologie, 10, S. 7-41.

Schütze, F. (1982). Narrative Repräsentation kollektiver Schicksalsbetroffenheit. Erzählforschung, 7, S. 568-590.

Thadden, E. von. (2003). „Ich schlug mich gegenseitig tot", Die Zeit 36/2003, 29. Aug. 2003 <http://www.zeit.de/2003/36/M-Stress_Familie>

Wiedemann, P. M. (1986). Erzählte Wirklichkeit. Zur Theorie und Auswertung narrativer Interviews. Weinheim, S. 63.

Young, J. (1997). Beschreiben des Holocaust. Frankfurt a. M.: Suhrkamp

Weizenbaum, J. (1978). Die Macht der Computer und die Ohnmacht der Vernunft. Frankfurt/Main: Suhrkamp. [Originalausgabe 1976 bei W.H. Freeman & Co. unter dem Titel Computer Power and Human Reason. From Judgement to Calculation]

Weizenbaum, J. (1984). Kurs auf den Eisberg. Die Verantwortung des einzelnen und die Diktatur der Technik. Zürich: pendo.

Weizenbaum, J. (1993, 3.Aufl.). Wer erfindet die Computermythen? Herder et al.: Spektrum, S. 40.

Links zum Thema *(Digital-)Storytelling*

Center for Digital Storytelling, Berkeley:
http://www.storycenter.org

Cookbook:
http://www.storycenter.org/memvoice/
pages/cookbook.html

Dialog mit dem Feind:
http://www.ippnw.de/frieden/israel/da
nbaron.htm

Digital Storytelling Finds Its Place in the
Classroom:
http://www.infotoday.com/MMSchools/
jan02/banaszewski.htm

Florida Storytelling Assotiation:
http://www.flstory.org/story%20history.
htm

Geschichten erzählen mit dem Computer:
http://www.br-
online.de/jugend/izi/text/simsaria.htm

Life-Review-Therapie als spezifische Form
der Behandlung posttraumatischer
Belastungsstörungen im Alter:
http://www.klipsy.unizh.ch/maercker/pt
bs-therapie-aeltere-Menschen.pdf

Preparing for Digital Story Telling:
http://www.aace.org/conf/site/pt3/pap
er_3008_744.pdf

Presseberichte zum Arbeitsbuch: Untergang der Titanic:
http://www.englischunterricht-online.de/presse.htm

Story Telling in Unternehmen: Vom Reden zum Handeln – nur wie? (Teil 1):
http://www.wissensmanagement.net/online/archiv/2003/02_2003/story-telling.shtml

Story Telling in Unternehmen: Vom Reden zum Handeln – nur wie? (Teil 2):
http://www.wissensmanagement.net/online/archiv/2003/03_2003/story-telling-2.shtml

Telling a Digital Story: A WebQuest for Pre-Service Teachers:
http://faculty.salisbury.edu/~jrbing/Telling%20a%20Digital%20Story/Telling%20a%20Digital%20Story.htm

The Call of Story:
http://www.callofstory.org/index.html

The Power of the Digital Story:
http://www.zehno.com/papers/power_%20digital_storytelling.pdf

The Society for Storytelling:
http://www.sfs.org.uk/

The Storytelling FAQ:
http://www.timsheppard.co.uk/story/faq.html#Introduction

Sachregister

Notizen

Autor

Prof. Dr. Christian Ralf Dorn, geb. 1968, ist seit 15 Jahren als Professor für Psychologie und Sozialwissenschaften an der Fachhochschule Vorarlberg tätig. Er lehrt u.a. in den Studiengängen Soziale Arbeit und Mediengestaltung. Der ehemalige Polizist forscht heute als Diplomierter Sozialpädagoge und promovierter Psychologe an den Folgen einer zunehmend medialen Sozialisation. Sein Interesse gilt dabei primär den Auslösern sozialer Störungsbilder – insbesondere der Abhängigkeits- und Belastungsstörungen - und der Entwicklung von neuen (technologieunterstützten) Suchtpräventions- und Therapiemodellen. Ein besonderes Anliegen ist ihm sein Engagement für „Cannabis in der Medizin" und die Arbeit in der Legalisierungsbewegung.

Er war bisher u.a. tätig als...

* Streetworker (Jugendamt Nürnberg)

* Sozialpädagogischer Einzelbetreuer (Jugendamt Nürnberg)

- Leiter Sozialmanagement (OBA Bayerisches Rotes Kreuz, Lindau / B)

- Leiter Kommunikation (von Nostitz`sche Familien und Wohltätigkeitsstiftung)

- Kuratoriumsmitglied der Bundesstelle für Positivprädiktisierung für Computer- und Konsolenspiele des österreichischen Bundesministeriums für soziale Sicherheit, Generationen und Konsumentenschutz

- wissenschaftlicher Beirat der supromobil des Landes Vorarlberg (Krankenhaus, Therapiestation, mobile Sekundärprävention, Beratungsstellen)

- selbständiger Sozialpädagoge / Psychologe

- Notfallpsychologe und Einsatzleiter bei der BRK Wasserwacht

Kontakt

Praxis für klinische Sozialarbeit

Prof. (FH) Dr. **Christian R. Dorn** (Psychol. / Soz.-Päd.)
Professor für Psychologie und Sozialwissenschaften
Fachhochschule Vorarlberg

Arbeitsschwerpunkte...
Belastungs- / Abhängigkeitsstörungen
Stress- / Suchtprophylaxe / harm reduction
Life- und Bewerbungscoaching / Administrative Hilfen

Kemptener Straße 168, D-88131 Lindau/B
mobil +49.1520.34 70 596
cd@denkprozesse.net / www.denkprozesse.net

Praxis für klinische Sozialarbeit

Psychologische Diagnostik...
ADHS-Diagnostik, Berufsbezogene Eignungsdiagnostik etc.

Psychosoziale Beratung, Begleitung und Therapie...
Lösungsorientierte Kurzberatung, Lifecoaching, Soziotherapie etc.

Administrative Hilfen...
Schriftwechsel und Argumentationshilfe etc.

Wenn Sie Hilfe benötigen finden Sie mich hier...
www.denkprozesse.net

Leseempfehlung

Christian Dorn (2015)

Mediale Sozialisation und eEducation. Neue Medien - Neue Menschen - Neue Didaktik: *Eine Konzeptentwicklung auf Basis der Analyse menschlicher Bewusstseins- und Handlungsstrukturen vor dem Hintergrund einer immer komplexer und authentischer werdenden Medialität*

Verlag:
BoD – Books on Demand, Norderstedt
ISBN: 978-3-7347-8048-6

Aus dem Inhalt...

Durch hochauthentische, digital optimierte multimediale Kommunikate und eine adäquate Distribution erfolgt eine Überlagerung realer Lebenserfahrung durch mediale Scheinerfahrungen, die das Selbstverständnis und die Erwartungshaltungen Jugendlicher stärker als die Sozialisationsinstanzen Elternhaus und Schule prägen. Kinder und Jugendlichen wachsen heute in einem hochverdichteten Medienumfeld auf, in dem Medien Sozialisationsinstanz, Tagesbegleiter, Identifikationsstifter und Realitätsvermittler sind. Die Kompetenzen und Persönlichkeiten der PädagogInnen – wie auch die ihnen zur Verfügung stehenden Unterrichts(hilfs-)mittel –

können damit kaum noch konkurrieren.

Diese Arbeit befasst sich mit dem Themenkomplex der psychophysiologischen Medienwirkung, der technologieunterstützten Bildung und der Schulentwicklung vor dem Hintergrund einer durch eine allgegenwärtige Medialisierung konstituierten Medialiät, die immer authentischer wird. Mit dieser Arbeit wird der Nachweis angestrebt, dass Medialisierung und mediale Durchdringung eine individuelle Medialität bedingen, die die Bewusstseins- und Handlungsstrukturen des Menschen, insbesondere die von Kindern und Jugendlichen transformiert. Im Rahmen dieser Arbeit werden diese Transformationspotentiale im Hinblick auf eine Neuausrichtung der Wissensvermittlung und Schulentwicklung isoliert, analysiert und zur Entwicklung eines Konzepts zur technologieunterstützten Wissensvermittlung instrumentalisiert. Aufbauend darauf wird beschrieben, wie mit Hilfe NM die schulformübergreifende Integration von Eltern, LehrerInnen, SchülerInnen und darüber hinaus von Unternehmen und Institutionen (Vorschule, Hochschule, Ministerien etc.) realisiert werden kann, welche Möglichkeiten sie eröffnet und welchen Fehlentwicklungen sie entgegenwirkt. Unter Einbeziehung NM eröffnet dieser Zugang die Möglichkeit, Raum für die aktive und kritische Auseinandersetzung mit der dMedialität zu schaffen und damit einen Weg zurück in einen wertepluralistischen und menschzentrierten

Diskursraum zu bahnen, in dem für ein soziales Miteinander in einer intakten Ökologie Interesse geweckt, Wissen vermittelt und Erkenntnis unterstützt wird.

Leseempfehlung

Christian Dorn (2015)

Salutogenese:
Wie die Medialität die Kohärenz zerfrisst!
Interdisziplinäre Psychosomatik: Medialität und
Traumaprädisposition aus Sicht der Medien- und
Sozialpsychologie.

Verlag:
BoD – Books on Demand, Norderstedt
ISBN: 978-3-73-479558-9

Aus dem Inhalt...

Unsere Welt ist im Wandel. Eine Tatsache, die
zwar offensichtlich aber dennoch – aufgrund der
Geschwindigkeit und Komplexität – kaum
greifbar ist. Dies gilt vor allem deshalb, weil sich
die Medialität jedem Menschen in einer
individuellen Ausprägung darstellt und ihre
Transfomationspotenziale auf jeden Menschen
aufgrund individueller Vulnerabilität, Plastizität,
Quantität und Qualität zur Verfügung stehender
Abwehrmechanismen und
Bewältigungsfähigkeiten unterschiedliche
Wirkungen entfalten.

Angesichts dieser Entwicklungen fällt es leicht
Antonovskys Intension zu folgen. Offensichtlich
korrumpiert die Medialität einen maßgeblichen
Faktor, der in der Lage wäre ‚zu verhindern, dass
sich *Spannungen* in *Belastung* verwandeln – das

Kohärenzgefühl! Wir sind immer weniger in der Lage, die Anforderungen, die eine veränderte Arbeitswelt und zerfallende Familienstrukturen an uns stellen, zu bewältigen. Wie es scheint haben wir einen Punkt erreicht, ab dem ein zu großes Maß an anhaltendem oder wiederholtem Stress zusammen mit körperlichen Schwächen eine Gesundheitsgefährdung bedeutet. Vor diesem Hintergrund wird deutlich: Niemand ist vor einer Traumatisierung sicher, da es vermutlich für jeden Menschen Ereignisse und Situationen gibt, die entweder aufgrund ihrer Schwere, Konstellation oder ihrer Unvereinbarkeit mit dem menschlichem Selbstverständnis traumatisierend wirken. Stellt sich die Frage: Wie kommt es dazu?

In diesem kleinen Aufsatz möchte ich aus Sicht meiner Disziplinen und vor dem Hintergrund persönlicher Erfahrungen im Rettungsdienst, in der Krisenintervention und in der psychosozialen Beratung verdeutlichen, wie eine zur Medialität transformierte Realität das Kohärenzgefühl zerfrisst und somit Traumata begünstigt. Darüber hinaus möchte ich ein medienunterstütztes Präventions- und Therapiemodell zur Diskussion stellen, dass in einer aus der Kohärenz geratenen Welt traumaanfälligen Biografien Kohärenzgefühl stiftet.